Wichtel sind zurzeit überall zu sehen. Ob gefilzt, aus Naturmaterialien oder einfach gezeichnet – hier hat jeder seinen Lieblingswichtel.

Mit einer Klorolle, etwas Wolle, Makrameegarn oder Filz kannst du mit den Anleitungen im Buch deine ganz eigenen Wichtel zaubern: Nikolauswichtel, Zauberwichtel oder Schneeflockenwichtel, du findest bestimmt deinen Favoriten! Oder mach doch gleich einen Wichtel-Adventskalender, aus gleichen Wichteln oder farblich verschiedenen.

Ich wünsche dir viel Spaß mit dem vorliegenden Buch und viel Freude mit deinen selbst gestalteten Wichteln!

*Christina Schinagl*

# Rosa Wichtel

## mit Bommel

**MATERIAL**

* 2 Klorollen
* Holzkugel, ø 1 cm
* Plüschwolle in Weiß
* Strickgarn in Rosa, 250 g
* Strickgarn in Weiß, 250 g
* Blumendraht umwickelt in Weiß, ø 1 mm
* Schere
* Seitenschneider
* Hundebürste
* Malerkrepp
* Heißklebepistole

**1** Schneide die Klorolle wie in der Grundanleitung erklärt rundherum in einer Länge von ca. 4 cm ein und forme sie mit den Händen zu einem Kegel. Fixiere nun das Ganze mit etwas Malerkrepp.

**2** Klebe den Anfang der Plüschwolle an der offenen Seite der Rolle mit etwas Heißkleber fest und umwickle diese anschließend ganz. Damit die Wolle später nicht verrutscht, kannst du zusätzlich etwas Kleber verwenden.

**3** Für die Arme nimmst du den Draht, kürzt ihn auf eine Länge von 26 cm und biegst die beiden Enden zur Mitte hin um, sodass sie je 5 cm lang sind. Achte dabei darauf, dass die beiden neuen Enden eine Schlaufe bilden. Umwickle den Draht mit dem weißen Strickgarn, bis die gewünschte Dicke erreicht ist. Zusätzlich kannst du an den Enden der Arme noch Ärmel mit dem rosa Strickgarn machen. Fixiere alles gut mit Heißkleber.

**4** Aus dem rosa Strickgarn schneidest du ca. zwanzig 35 cm lange Stränge zurecht. Schneide von der zweiten Klorolle ein 2,5 cm langes Stück ab und fixiere die Einzelstränge mit einem Schlaufenknoten daran. Anschließend fädelst du alle Enden durch die Innenseite der Rolle nach oben.

**5** Binde nun die Stränge zusammen, bürste den Enden aus und schneide den Bommel zurecht, sodass sie ca. 4 cm lang ist. Jetzt klebst du die Haube mit etwas Heißkleber auf den kegeligen Teil der Klorolle.

**6** Schneide für den Bart aus dem weißen Strickgarn ca. 10 Stränge in einer Länge von 12 cm ab und bürste sie komplett mit der Hundebürste aus. Anschließend bindest du das Bündel in der Mitte mit etwas Garn zusammen, klebst es leicht unterhalb der Haube fest und schneidest den Bart zurecht. Zwischen Haube und Bart wird nun die Holzkugel als Nase befestigt. Die gebogenen Arme werden ebenfalls an der Rückseite des Wichtels fixiert.

**Mein Tipp für dich**

Durch den Draht kannst du die Mütze gut in Form bringen.

# Glöckchenwichtel

## mit Fellbart

**MATERIAL**

* Klorolle
* Holzhalbkugel, ø 1 mm
* Wolle in Rot, 100 g
* Fellstoff „Schaf"
* Metallglöckchen in Silber, ø 2 cm
* Permanentmarker in Silber
* Blumendraht umwickelt in Weiß, ø 1 mm
* Schere
* Seitenschneider
* Malerkrepp
* Heißklebepistole

**VORLAGEN**
unten auf der Seite

**1** Schneide die Klorolle wie in der Grundanleitung erklärt rundherum in einer Länge von ca. 4 cm ein und forme sie mit den Händen zu einem Kegel. Fixiere nun das Ganze mit etwas Malerkrepp.

**2** Klebe nun den Anfang der roten Wolle an der offenen Seite der Rolle mit etwas Heißkleber fest und umwickle diese anschließend ganz. Damit die Wolle später nicht verrutscht, kannst du zusätzlich etwas Kleber verwenden.

**3** Nimm den Basteldraht und stecke ihn am oberen Teil der Klorolle in die Öffnung. Anschließend gut festkleben und auf eine Länge von 15 cm kürzen. Für die Mütze schneidest du dir wie in der Vorlage gezeigt ein 13 cm x 20 cm großes Stück Fellstoff zu und klebst die lange Seite rund um die Spitze der Klorolle, sodass sich die beiden Enden an der Hinterseite des Wichtels treffen. Sollte etwas überstehen, einfach mit der Schere zurechtschneiden. Der Draht soll dabei an der Spitze herausstehen und als Abschluss das Glöckchen erhalten.

**4** Für die Arme nimmst du den Draht, kürzt ihn auf eine Länge von 26 cm und biegst die beiden Enden zur Mitte hin um, sodass sie je 5 cm lang sind. Achte dabei darauf, dass die beiden neuen Enden eine Schlaufe bilden. Umwickle den Draht mit etwas Fellstoff, fixiere alles gut mit Heißkleber und binde am Ende noch etwas rote Wolle um den Arm, damit es wie ein Ärmel aussieht.

**5** Bemale die Holzhalbkugel mit dem silbernen Permanentmarker und lasse sie kurz trocknen.

**6** Für den Bart überträgst du die Vorlage auf den Fellstoff und scheidest ihn aus. Fixiere ihn gemeinsam mit der Holzkugel ein kleines Stück unterhalb der Mütze.

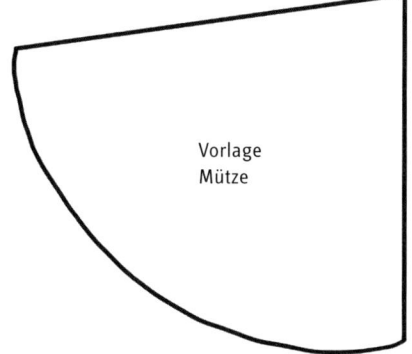

Vorlage
Mütze

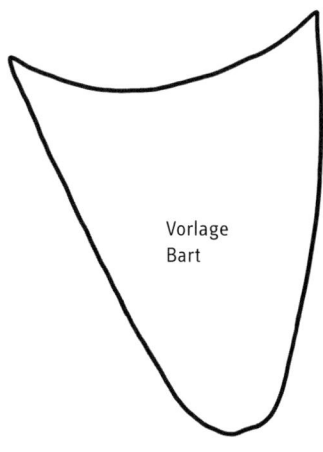

Vorlage
Bart

# Geschenkewichtel

## in Blau-Grün

**MATERIAL**

* 2 Klorollen
* Pompon in Weiß, 1,5 cm
* Makrameegarn in Weiß, ø 3 mm
* Wolle in Grasgrün, 100 g
* Wolle in Türkisblau, 100 g
* Blumendraht umwickelt in Weiß, ø 1 mm
* Schere
* Seitenschneider
* Hundebürste
* Malerkrepp
* Heißklebepistole

**FÜR DAS WICHTELGESCHENK**

* Papier, 100 g
* Geschenkpapierrest mit weihnachtlichem Motiv
* Geschenkband, Schwarz-Weiß gemustert
* Schere
* UHU Klebestick

**VORLAGE**
unten auf der Seite

**1** Schneide die Klorolle wie in der Grundanleitung erklärt rundherum in einer Länge von ca. 4 cm ein und forme sie mit den Händen zu einem Kegel. Fixiere nun das Ganze mit etwas Malerkrepp.

**2** Klebe nun den Anfang des weißen Makrameegarns an der offenen Seite der Rolle mit etwas Heißkleber fest und umwickle diese anschließend ganz. Damit die Wolle später nicht verrutscht, kannst du zusätzlich etwas Kleber verwenden.

**3** Für die Arme nimmst du den Draht, kürzt ihn auf eine Länge von 26 cm und biegst die beiden Enden zur Mitte hin um, sodass sie je 5 cm lang sind. Achte dabei darauf, dass die beiden neuen Enden eine Schlaufe bilden. Umwickle den Draht mit der blauen Wolle, bis die gewünschte Dicke erreicht ist, und fixiere alles gut mit Heißkleber. An den vorderen Enden kannst du noch mit weißem Makrameegarn Handschuhe machen.

**4** Aus der blauen und grünen Wolle schneidest du jeweils ca. zehn 35 cm lange Stränge zurecht. Schneide von der zweiten Klorolle ein 2,5 cm langes Stück ab und fixiere die Einzelstränge mit einem Schlaufenknoten daran. Achte dabei darauf, dass du die beiden Farben immer abwechselnd verwendest.

**5** Binde jetzt die Stränge mit einer grünen Schleife zusammen und schneide den Bommel zurecht, sodass er ca. 5 cm lang ist. Jetzt klebst du die Mütze mit etwas Heißkleber auf dem kegeligen Teil der Klorolle an.

**6** Nun kannst du die gebogenen Arme an der Rückseite des Wichtels befestigen und ihnen vorne das Geschenk in die Hand geben. Zum Schluss noch den weißen Pompon als Nase leicht unterhalb der Mütze festkleben.

**7** Für das Wichtelgeschenk: Vergrößere die Vorlage wenn nötig auf eine Seitenlänge von zwei cm und schneide sie aus. Die inneren Linien falten und anschließend zusammenkleben. Zum Schluss mit Geschenkpapier einpacken und mit einer Schleife versehen.

Vorlage Geschenk

# Jutewichtel

## in Rot-Braun

**MATERIAL**

* Klorolle
* Holzkugel ohne Loch, ø 1,5 cm
* Makrameegarn in Dunkelrot, ø 3 mm
* Jutestoff
* Jutegarn in Braun und Rot, ø 3 mm
* Blumendraht umwickelt in Weiß, ø 1 mm
* Schere
* Seitenschneider
* Heißklebepistole
* Malerkrepp

**VORLAGEN**
unten auf der Seite

**1** Schneide die Klorolle wie in der Grundanleitung erklärt rundherum in einer Länge von ca. 4 cm ein und forme sie mit den Händen zu einem Kegel. Fixiere nun das Ganze mit etwas Malerkrepp.

**2** Klebe nun den Anfang des Makrameegarns an der offenen Seite der Rolle mit etwas Heißkleber fest und umwickle diese anschließend ganz. Damit die Wolle später nicht verrutscht, kannst du zusätzlich etwas Kleber verwenden.

**3** Für die Arme nimmst du den Draht, kürzt ihn auf eine Länge von 26 cm und biegst die beiden Enden zur Mitte hin um, sodass sie je 5 cm lang sind. Achte dabei darauf, dass die beiden neuen Enden eine Schlaufe bilden. Umwickle den Draht mit etwas rotem Makrameegarn, bis die gewünschte Dicke erreicht ist. An

den beiden vorderen Enden bringst du als Ärmel ein 1 cm breites Stück Jutestoff mit etwas Heißkleber an.

**4** Für die Mütze schneidest du dir ein 13 cm x 20 cm großes Stück Jutestoff zurecht und klebst die lange Seite rund um die Spitze der Klorolle, sodass sich die beiden Enden auf der hinteren Seite treffen. Schneide ein 30 cm langes Stück Makrameegarn ab und löse einen Strang davon. Binde die Mütze mit etwas rotem Garn zusammen und füge als Highlight noch etwas an der Unterseite der Mütze hinzu.

**5** Für den Bart scheidest du ein Stück Jutestoff nach der Vorlage zu und fixierst es gemeinsam mit der Holzkugel ein kleines Stück unterhalb der Mütze.

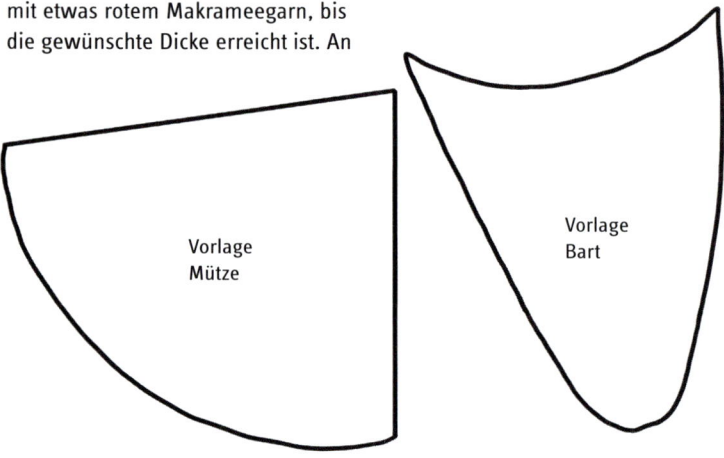

Vorlage Mütze

Vorlage Bart

# Skiwichtel-Zwillinge
## auf der Piste

**MATERIAL**

*FÜR EINEN WICHTEL*

* 2 Klorollen
* Wolle in Beige, 100 g
* Wolle in Jeansblau, 100 g
* Blumendraht umwickelt in Weiß, ø 1 mm
* Pompon in Beige und Weiß, ø 1,5 cm
* Eisstäbchen
* Einwegspießchen
* Schere
* Seitenschneider
* Malerkrepp
* Heißklebepistole

**1** Schneide die Klorolle wie in der Grundanleitung erklärt rundherum in einer Länge von ca. 4 cm ein und forme sie mit den Händen zu einem Kegel. Fixiere nun das Ganze mit etwas Malerkrepp.

**2** Klebe nun den Anfang der blauen Wolle an der offenen Seite der Rolle mit etwas Heißkleber fest und umwickle diese anschließend ganz. Damit die Wolle später nicht verrutscht, kannst du zusätzlich etwas Kleber verwenden.

**3** Für die Arme nimmst du den Draht, kürzt ihn auf eine Länge von 26 cm und biegst die beiden Enden zur Mitte hin um, sodass sie je 5 cm lang sind. Achte dabei darauf, dass die beiden neuen Enden eine Schlaufe bilden. Umwickle den Draht mit der beigen Wolle, bis die gewünschte Dicke erreicht ist. Zusätzlich kannst du an den Enden der Arme noch Ärmel mit der blauen Wolle machen. Fixiere alles gut mit Heißkleber.

**4** Aus der beigen Wolle schneidest du ca. zwanzig 35 cm lange Stränge zurecht. Schneide von der zweiten Klorolle ein 2,5 cm langes Stück ab und fixiere die Einzelstränge mit je einem Schlaufenknoten daran. Binde nun die Stränge mit der blauen Wolle zusammen und schneide den Bommel zurecht, sodass er ca. 3 cm lang ist. Jetzt klebst du die Mütze mit etwas Heißkleber auf dem kegeligen Teil der Klorolle an und bringst alles in Form.

**5** Befestige nun den beigen Pompon als Nase sowie die gebogenen Arme an der Rückseite des Wichtels.

**6** Die beiden Eisstäbchen werden am Fußteil des Wichtels mit Kleber befestigt. Die beiden Spießchen dienen als Skistöcke. Sollten diese zu lange sein, kannst du sie einfach mit dem Seitenschneider etwas kürzen.

### Mein Tipp für dich

Für den Zwilling in Blau-Beige nimmst du genau umgekehrte Farben. Oder mach doch gleich eine bunte Skifamilie!

# Opawichtel

## mit grauem Bart

**MATERIAL**

* Klorolle
* Holzkugel ohne Loch, ø 2 cm
* Holzkugel mit Loch, ø 1,5 cm
* 2 Holzkugeln ohne Loch, ø 1 cm
* Filzwolle in Hellgrau
* Filzwolle in Dunkelgrau
* Bastelfilz in Weiß
* Blumendraht umwickelt in Weiß, ø 1 mm
* Schaumstoffunterlage
* Filznadel
* Schere
* Seitenschneider
* Malerkrepp
* Heißklebepistole

**1** Schneide die Klorolle wie in der Grundanleitung erklärt rundherum in einer Länge von ca. 4 cm ein und forme sie mit den Händen zu einem Kegel. Fixiere nun das Ganze mit etwas Malerkrepp.

**2** Scheide aus dem weißen Bastelfilz ein Stück à 10 cm x 28 cm zurecht und fixiere es mit etwas Heißkleber an der Klorolle. Damit auch der Kopf gut verkleidet ist, schneidest du den Filz genau wie die Klorolle zuvor etwas ein und fixierst ihn anschließend gut mit Kleber.

**3** Nimm den Basteldraht und stecke ihn am oberen Teil der Klorolle in die Öffnung. Anschließend gut festkleben und auf eine Länge von 15 cm kürzen.

**4** Aus der dunkelgrauen Filzwolle schneidest du ein Stück à 22 cm x 24 cm zu, legst es auf die Schaumstoffunterlage und filzt es (siehe So wird's gemacht), bis eine stabilere Form erreicht ist. Nun kannst du den Filz inklusive Draht rund um den Kopfteil arrangieren und gut festkleben. Die Holzkugel mit Loch befestigst du nun am herausstehenden Draht, am unteren Ende der Zipfelmütze.

**5** Für den Bart schneidest du dir ein Dreieck der hellgrauen Filzwolle mit einer ungefähren Länge von 26 cm zurecht und filzt es ebenso wie die Mütze zuvor. Jetzt kannst du den Bart sowie die große Holzkugel als Nase befestigen.

**6** Für die Arme nimmst du den Draht, kürzt ihn zu einer Länge von 26 cm und biegst die beiden Enden zur Mitte hin um, sodass sie 5 cm lang sind. Achte dabei darauf, dass die beiden neuen Enden eine Schlaufe bilden. Umwickle den Draht mit etwas dunkelgrauer Filzwolle, bis die gewünschte Dicke erreicht ist und fixiere zwei kleine Holzkugeln am Ende als Hände. Zum Schluss nun noch die Arme mit Heißkleber an der Rückseite des Wichtels festkleben.

### Mein Tipp für dich

Durch den Draht kannst du die Mütze gut in Form bringen.

# Zauberwichtel

## mit langem Bart

**MATERIAL**

* Klorolle
* Bastelfilz in Lila
* Bastelfilz in Violett
* Bastelfilz in Hellgrau
* Pompon in Violett
* Makrameegarn in Hellgrau, ø 3 mm
* Makrameegarn in Dunkelgrau, ø 3 mm
* Blumendraht umwickelt in Weiß, ø 1 mm
* Schere
* Hundebürste
* Seitenschneider
* Malerkrepp
* Heißklebepistole

**VORLAGEN**
unten auf der Seite

**1** Schneide die Klorolle wie in der Grundanleitung erklärt rundherum in einer Länge von ca. 4 cm ein und forme sie mit den Händen zu einem Kegel. Fixiere nun das Ganze mit etwas Malerkrepp.

**2** Scheide aus dem lila Bastelfilz ein Stück à 10 cm x 28 cm zu und fixiere es mit der Heißklebepistole an der Klorolle. Damit auch der Kopf gut verkleidet ist, schneidest du den Filz genau wie die Klorolle zuvor etwas ein und fixierst ihn anschließend gut mit Kleber.

**3** Schneide für den Zauberhut ein violettes Stück Filz nach Vorlage mit einer Höhe von 9 cm zu und klebe die lange Seite rund um die Spitze der Klorolle, sodass sich die beiden Ende an der Hinterseite des Wichtels treffen. Sollte etwas überstehen, einfach mit der Schere zurechtschneiden.

**4** Für die Arme nimmst du den Draht, kürzt ihn auf eine Länge von 26 cm und biegst die beiden Enden

zur Mitte hin um, sodass sie je 5 cm lang sind. Achte dabei darauf, dass die beiden neuen Enden eine Schlaufe bilden. Umwickle den Draht mit etwas violettem Bastelfilz und bringe am vorderen Ende einen kleinen hellgrauen Armteil à 0,7 cm x 7 cm an. Zum Schluss nun noch die Arme mit Heißkleber am Körper festkleben.

**5** Für den Bart schneidest du je aus dem hellgrauen und dem dunkelgrauen Makrameegarn ca. 7 Stränge in einer Länge von 30 cm ab. Bürste die Stränge komplett mit der Hundebürste aus. Anschließend bindest du das Bündel in der Mitte mit etwas Garn zusammen und klebst es leicht unterhalb des Zauberhuts fest. Verzwirbel nun den Bart und schneide ihn zurecht. Zwischen Zauberhut und Bart wird nun der Pompon als Nase befestigt. Die gebogenen Arme werden ebenfalls an der Rückseite des Wichtels fixiert und der Hut noch mit einem Mond und Sternen verziert.

### Mein Tipp für dich

Mit einem dünnen Ast als Zauberstab ist der Zauberwichtel perfekt ausgestattet.

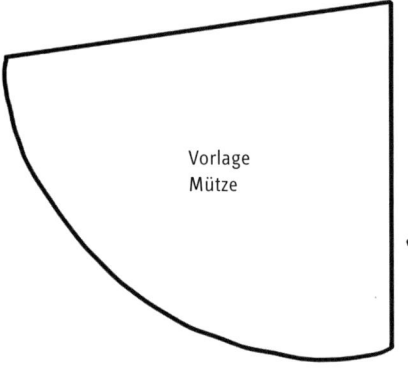

Vorlage
Mütze

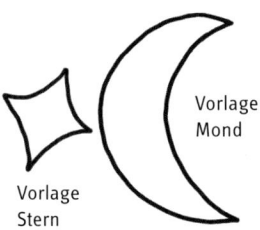

Vorlage
Mond

Vorlage
Stern

# Langbartwichtel

## im grünen Gewand

**MATERIAL**

* 2 Klorollen
* Holzkugel ohne Loch, ø 1,5 cm
* Makrameegarn in Naturweiß, ø 3 mm
* Makrameegarn in Dunkelgrün, ø 3 mm
* Blumendraht umwickelt in Weiß, ø 1 mm
* Hundebürste
* Schere
* Seitenschneider
* Malerkrepp
* Heißklebepistole

**1** Schneide die Klorolle wie in der Grundanleitung erklärt rundherum in einer Länge von ca. 4 cm ein und forme sie mit den Händen zu einem Kegel. Fixiere nun das Ganze mit etwas Malerkrepp.

**2** Klebe nun den Anfang des Makrameegarns an der offenen Seite der Rolle mit etwas Heißkleber fest und umwickle diese anschließend ganz. Damit die Wolle später nicht verrutscht, kannst du zusätzlich etwas Kleber verwenden.

**3** Für die Arme nimmst du den Draht, kürzt ihn auf eine Länge von 26 cm und biegst die beiden Enden zur Mitte hin um, sodass sie je 5 cm lang sind. Achte dabei darauf, dass die beiden neuen Enden eine Schlaufe bilden. Umwickle den Draht mit etwas grünem Makrameegarn, bis die gewünschte Dicke erreicht ist. Fixiere alles gut mit Heißkleber.

**4** Aus dem grünem Makrameegarn schneidest du ca. zwanzig 35 cm lange Stränge ab. Schneide von der zweiten Klorolle ein 2,5 cm langes Stück ab und fixiere die Einzelstränge mit je einem Schlaufenknoten daran. Anschließend fädelst du alle Enden durch die Innenseite der Rolle nach oben.

**5** Binde nun die Stränge mit etwas naturweißem Makrameegarn zusammen, bürste die Enden aus und schneide den Bommel zurecht, sodass er ca. 4 cm lang ist. Jetzt klebst du die Mütze mit etwas Heißkleber auf dem kegeligen Teil der Klorolle an.

**6** Für den Bart schneidest du aus dem naturweißem Makrameegarn ca. 15 Stränge in einer Länge von 40 cm ab und bürstest sie komplett mit der Hundebürste aus. Anschließend bindest du das Bündel in der Mitte mit etwas ntaurfarbenem Garn zusammen, klebst es leicht unterhalb der Mütze fest und schneidest den Bart zurecht. Zwischen Mütze und Bart wird nun die Holzkugel als Nase befestigt. Die gebogenen Arme werden ebenfalls an der Rückseite des Wichtels fixiert.

### Mein Tipp für dich

Du kannst den Wichtel natürlich auch in anderen tollen Farben machen.

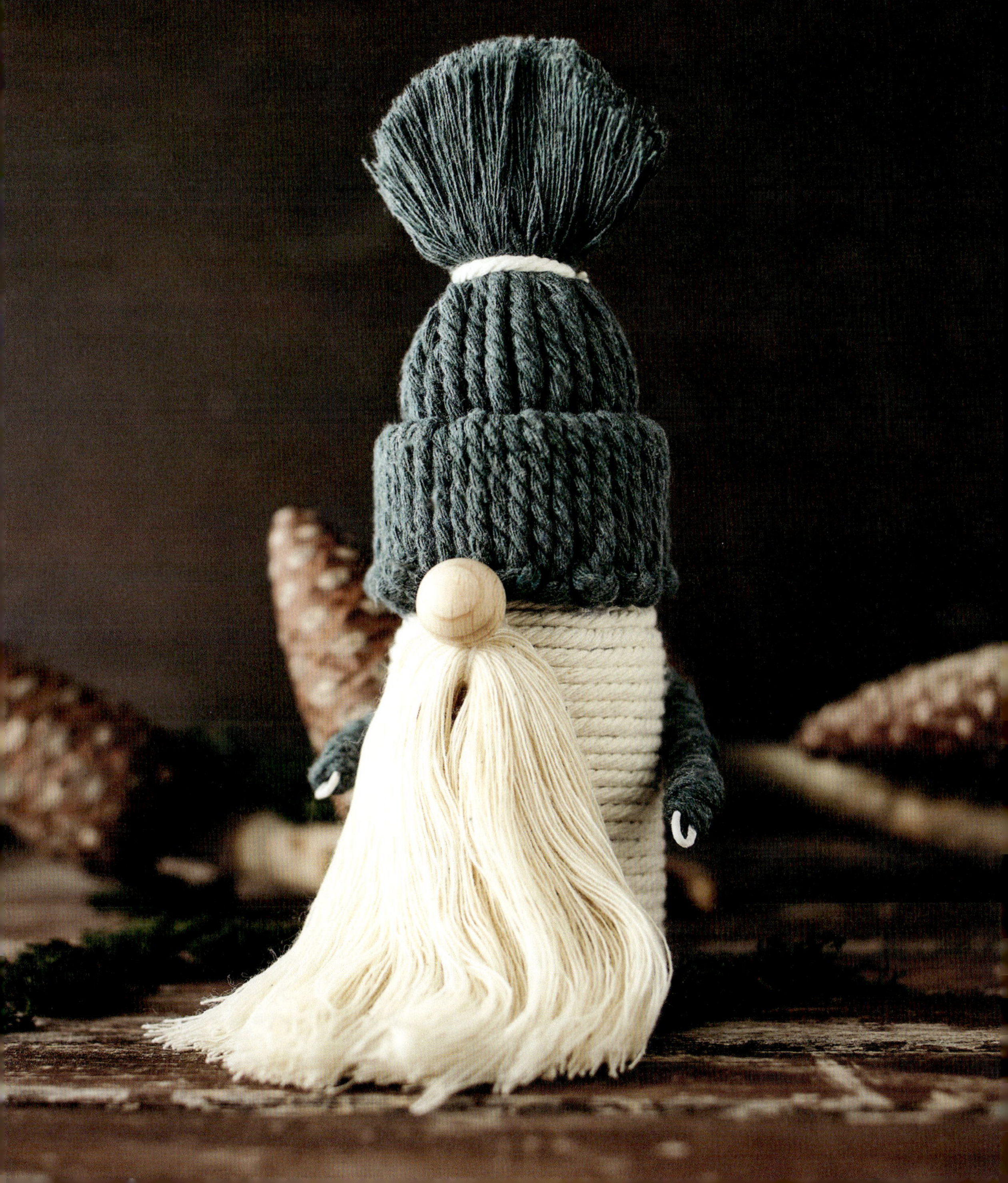

# Nikolauswichtel

### kommt mit Sack und Rute

## MATERIAL

* Klorolle
* Holzkugel ohne Loch, ø 1,5 cm
* Filzwolle in Weiß
* Bastelfilz in Weiß
* Bastelfilz in Rot
* Blumendraht umwickelt in Weiß, ø 1 mm
* Schere
* Seitenschneider
* Heißklebepistole
* Malerkrepp

## VORLAGE

unten auf der Seite

**1** Schneide die Klorolle wie in der Grundanleitung erklärt rundherum in einer Länge von ca. 4 cm ein und forme sie mit den Händen zu einem Kegel. Fixiere nun das Ganze mit etwas Malerkrepp.

**2** Scheide aus dem weißen Bastelfilz ein Stück in der Größe von 10 cm x 28 cm zu und fixiere es mit der Heißklebepistole an der Klorolle. Damit auch der Kopf gut verkleidet ist, schneidest du den Filz genau wie die Klorolle zuvor etwas ein und fixierst ihn anschließend gut mit Kleber.

**3** Aus dem roten Bastelfilz schneidest du nun ein Rechteck à 5 cm x 13 cm zurecht und fixierst es an einer Hälfte der Klorolle. Dies ist nun die Rückseite und der rote Filz dient als Mantel.

**4** Schneide für die Mütze ein rotes Stück Filz mit einer Höhe von 9 cm nach der Vorlage zu und fixiere es am Kopfteil des Wichtels in der Form eines Kegels. Sollte etwas überstehen, einfach mit der Schere zurechtschneiden. Aus einem 7 mm breiten, weißen Stück Bastelfilz kannst du jetzt noch eine Krempe machen und festkleben.

**5** Für die Arme nimmst du den Draht, kürzt ihn auf eine Länge von 26 cm und biegst die beiden Enden zur Mitte hin um, sodass sie je 5 cm lang sind. Achte dabei darauf, dass die beiden neuen Enden eine Schlaufe bilden. Umwickle den Draht mit etwas rotem Bastelfilz und bringen am vorderen Ende einen kleinen weißen Armteil à 0,7 cm x 7 cm an. Zum Schluss nun noch die Arme mit Heißkleber am Körper festkleben.

**6** Nimm etwas weiße Filzwolle und fixiere sie mit etwas Heißkleber gemeinsam mit der Holzkugel kurz unterhalb der Mütze.

## Mein Tipp für dich

Bausche den Bart etwas auf, damit er noch fülliger wirkt.

Vorlage
Mütze

# Glückswichtel

## bringt dir Glück

**MATERIAL**

* Klorolle
* Holzkugel ohne Loch, ø 1 cm
* Bastelfilz in Weiß
* Bastelfilz in Hellgrün
* Bastelfilz in Dunkelgrün
* Blumendraht umwickelt in Weiß, ø 1 mm
* Permanentmarker in Silber
* Streuteile Käfer, Fliegenpilz und Kleeblatt
* Streuteil Filzblatt
* Schere
* Seitenschneider
* Heißklebepistole
* Malerkrepp

**VORLAGE**
unten auf der Seite

**1**  Schneide die Klorolle wie in der Grundanleitung erklärt rundherum in einer Länge von ca. 4 cm ein und forme sie mit den Händen zu einem Kegel. Fixiere nun das Ganze mit etwas Malerkrepp.

**2**  Schneide aus dem weißen Bastelfilz ein Stück à 10 cm x 28 cm zu und fixiere es mit der Heißklebepistole an der Klorolle. Damit auch der Kopf gut verkleidet ist, schneidest du den Filz genau wie die Klorolle zuvor etwas ein und fixierst ihn anschließend gut mit Kleber.

**3**  Schneide für die Mütze ein hellgrünes Stück Filz mit einer Höhe von 9 cm wie in der der Vorlage zu und klebe die lange Seite rund um die Spitze der Klorolle, sodass sich die beiden Ende an der Hinterseite des Wichtels treffen. Sollte etwas überstehen, einfach mit der Schere zurechtschneiden. Die Spitze anschließend etwas nach hinten biegen und mit Heißkleber festkleben.

**4**  Für die Arme nimmst du den Draht, kürzt ihn auf eine Länge von 26 cm und biegst die beiden Enden zur Mitte hin um, sodass sie je 5 cm lang sind. Achte dabei darauf, dass die beiden neuen Enden eine Schlaufe bilden. Umwickle den Draht mit etwas weißem Bastelfilz und bringe am vorderen Ende einen kleinen dunkelgrünen Ärmel à 1,5 cm x 7 cm an. Zum Schluss nun noch die Arme mit Heißkleber an der Rückseite des Körpers festkleben.

**5**  Male die Holzkugel mit dem silberfarbenen Permanentmarker an und fixiere sie zusammen mit dem Filzblatt unterhalb der Mütze. Anschließend noch die anderen Streuteile als Dekoration anbringen.

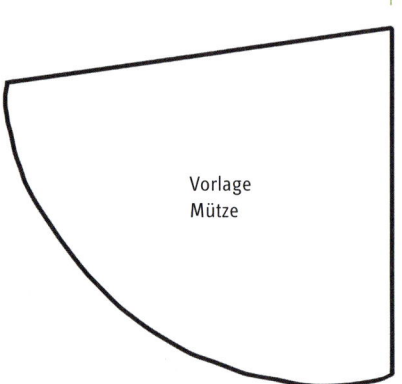

Vorlage
Mütze

## Mein Tipp für dich

Als zusätzliches Highlight kannst du aus dünnen Filzstreifen ein paar Schlaufen formen und sie an der Mütze fixieren.

# Himmlischer Wichtel

## mit Engelsflügeln

**MATERIAL**

* 2 Klorollen
* Holzkugel ohne Loch, ø 1 cm
* Makrameegarn in Gelb, ø 3 mm
* Makrameegarn in Weiß, ø 3 mm
* Blumendraht umwickelt in Weiß, ø 1 mm
* Bastelfilz in Weiß
* Papier in Weiß, 160 g
* Schere
* Seitenschneider
* Hundebürste
* Heißklebepistole
* Malerkrepp

**VORLAGEN**
unten auf der Seite

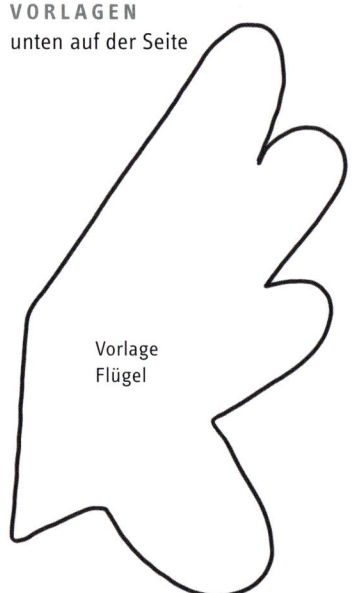

Vorlage
Flügel

**1** Schneide die Klorolle wie in der Grundanleitung erklärt rundherum in einer Länge von ca. 4 cm ein und forme sie mit den Händen zu einem Kegel. Fixiere nun das Ganze mit etwas Malerkrepp.

**2** Klebe nun den Anfang des weißen Makrameegarns an der offenen Seite der Rolle mit etwas Heißkleber fest und umwickle sie anschließend ganz. Damit die Wolle später nicht verrutscht, kannst du zusätzlich etwas Kleber verwenden.

**3** Für die Arme nimmst du den Draht, kürzt ihn auf eine Länge von 26 cm und biegst die beiden Enden zur Mitte hin um, sodass sie je 5 cm lang sind. Achte dabei darauf, dass die beiden neuen Enden eine Schlaufe bilden. Umwickle den Draht mit dem weißen Makrameegarn, bis die gewünschte Dicke erreicht ist, und fixiere alles gut mit Heißkleber.

**4** Aus dem gelben Makrameegarn schneidest du ca. zwanzig 35 cm lange Stränge zurecht. Schneide von der zweiten Klorolle ein 2,5 cm langes Stück ab und fixiere die Einzelstränge mit je einem Schlaufenknoten daran.

**5** Binde nun die Stränge mit weißem Garn zusammen, bürste die Enden aus und schneide den Bommel zurecht, sodass er ca. 3 cm lang ist. Jetzt klebst du die Mütze mit etwas Heißkleber auf dem kegeligen Teil der Klorolle an.

**6** Für den Bart schneidest du von dem gelben Makrameegarn ca. 10 Stränge in einer Länge von 12 cm ab und bürstest sie mit der Hundebürste aus. Anschließend bindest du das Bündel in der Mitte mit etwas Garn zusammen, klebst es leicht unterhalb der Haube fest und schneidest den Bart zurecht. Zwischen Mütze und Bart wird nun die Holzkugel als Nase befestigt. Die gebogenen Arme werden ebenfalls an der Rückseite des Wichtels fixiert.

**7** Verwende die Vorlage, um die Flügel aus dem Papier sowie dem Bastelfilz auszuschneiden und klebe beides aufeinander. Das Papier dient als Verstärkung für die Flügel.

**8** Jetzt kannst du die Flügel auf der Rückseite mit der Filzseite nach vorne etwas oberhalb der Flügel befestigen.

# Sternenwichtel

## leuchtet für dich

**MATERIAL**

* 2 Klorollen
* Holzhalbkugel, ø 1 mm
* Bastelfilz in Hellgrau
* Bastelfilz in Dunkelgrau
* Bastelfilz in Gelb
* Filzstift in Gelb
* Blumendraht umwickelt in Weiß, ø 1 mm
* Schere
* Seitenschneider
* Heißklebepistole
* Malerkrepp

**VORLAGE**

unten auf der Seite

Vorlage
Stern

**1** Schneide die Klorolle wie in der Grundanleitung erklärt rundherum in einer Länge von ca. 4 cm ein und forme sie mit den Händen zu einem Kegel. Fixiere nun das Ganze mit etwas Malerkrepp.

**2** Scheide aus dem hellgrauen Bastelfilz ein Stück in der Größe von 10 cm x 28 cm zu und fixiere es mit etwas Heißkleber an der Klorolle. Damit auch der Kopf gut verkleidet ist, schneidest du den Filz genau wie die Klorolle zuvor etwas ein und fixierst ihn anschließend gut mit Kleber.

**3** Für die Arme nimmst du den Draht, kürzt ihn auf eine Länge von 26 cm und biegst die beiden Enden zur Mitte hin um, sodass sie je 5 cm lang sind. Achte dabei darauf, dass die beiden neuen Enden eine Schlaufe bilden. Umwickle den Draht mit etwas dunkelgrauem Bastelfilz und klebe einen gelben mittleren Filzstern an der Hand fest.

**4** Aus dem dunkelgrauen Filz schneidest du ca. zwanzig 25 cm lange Stränge zurecht.

**5** Schneide von der zweiten Klorolle ein 2,5 cm langes Stück ab und fixiere die Einzelstränge mit je einem Schlaufenknoten daran. Binde nun die Stränge zusammen und schneide den Bommel zurecht, sodass er ca. 4 cm lang ist. Jetzt klebst du die Mütze mit etwas Heißkleber auf dem kegeligen Teil der Klorolle an und verzierst sie ebenfalls mit gelben Filzsternen.

**6** Für den Bart schneidest du dir ein Dreieck aus der hellgrauen Filzwolle mit einer ungefähren Länge von 12 cm zu. Lege es auf die Schaumstoffunterlage und filze es, bis eine stabile Form erreicht ist. Male nun die Holzhalbkugel mit dem gelben Marker an und befestige sie gleich unterhalb der Mütze. Anschließend noch den Bart, die Arme und eventuell auch mehrere Sterne am Wichtel ankleben.

# Roter Wichtel

## mit Bommelmütze

**MATERIAL**

* 2 Klorollen
* Holzkugel ohne Loch, ø 1 cm
* Makrameegarn in Dunkelrot, ø 3 mm
* Makrameegarn in Weiß, ø 3 mm
* Blumendraht umwickelt in Weiß, ø 1 mm
* Schere
* Seitenschneider
* Hundebürste
* Heißklebepistole
* Malerkrepp

**1** Schneide die Klorolle wie in der Grundanleitung erklärt rundherum in einer Länge von ca. 4 cm ein und forme sie mit den Händen zu einem Kegel. Fixiere nun das Ganze mit etwas Malerkrepp.

**2** Nun klebst du den Anfang der Plüschwolle an der offenen Seite der Rolle mit etwas Heißkleber fest und umwickelst sie anschließend ganz. Damit die Wolle später nicht verrutscht, kannst du zusätzlich etwas Kleber verwenden.

**3** Für die Arme nimmst du den Draht, kürzt ihn zu einer Länge von 26 cm und biegst die beiden Enden zur Mitte hin um, sodass sie je 5 cm lang sind. Achte dabei darauf, dass die beiden neuen Enden eine Schlaufe bilden. Umwickle den Draht mit dem weißen Makrameegarn, bis die gewünschte Dicke erreicht ist. Zusätzlich kannst du an den Enden der Arme noch Ärmel mit dem roten Makrameegarn machen. Fixiere alles gut mit Heißkleber.

**4** Aus dem roten Makrameegarn schneidest du ca. zwanzig 35 cm lange Stränge zurecht. Schneide von der zweiten Klorolle ein 2,5 cm langes Stück ab und fixiere die Einzelstränge mit je einem Schlaufenknoten daran. Anschließend fädelst du alle Enden durch die Innenseite der Rolle nach oben.

**5** Binde nun die Stränge zusammen, bürste die Enden aus und schneide den Bommel zurecht, sodass er ca. 3 cm lang ist. Jetzt klebst du die Mütze mit etwas Heißkleber auf dem kegeligen Teil der Klorolle an und drückst den Bommel etwas flach.

**6** Für den Bart schneidest du vom weißen Makrameegarn ca. 10 Stränge in einer Länge von 12 cm ab und bürstest sie mit der Hundebürste aus. Achte dabei darauf, dass noch ein gewisser Schwung im Garn bleibt, damit der Bart nicht ganz flach aussieht. Anschließend bindest du das Bündel in der Mitte mit etwas Garn zusammen, klebst es leicht unterhalb der Mütze fest und schneidest den Bart zurecht. Zwischen Mütze und Bart wird nun die Holzkugel als Nase befestigt. Die gebogenen Arme werden ebenfalls an der Rückseite des Wichtels fixiert.

# Adventskalenderwichtel

## 24x Wichtelfreude

**Mein Tipp für dich**

Als Adventkalender einfach nette Kleinigkeiten in der Unterseite der Wichtel verstecken.

**1** Schneide die Klorolle wie in der Grundanleitung erklärt rundherum in einer Länge von ca. 4 cm ein und forme sie mit den Händen zu einem Kegel. Fixiere nun das Ganze mit etwas Malerkrepp.

**2** Klebe nun den Anfang des rosa Makrameegarns an der offenen Seite der Rolle mit etwas Heißkleber fest und umwickle sie anschließend ganz. Damit die Wolle später nicht verrutscht, kannst du zusätzlich etwas Kleber verwenden.

**3** Für die Arme nimmst du den Draht, kürzt ihn auf eine Länge von 26 cm und biegst die beiden Enden zur Mitte hin um, sodass sie je 5 cm lang sind. Achte dabei darauf, dass die beiden neuen Enden eine Schlaufe bilden. Umwickle den Draht mit dem weißen Makrameegarn, bis die gewünschte Dicke erreicht ist. Zusätzlich kannst du an den Enden der Arme noch kleine Handschuhe mit dem hellrosa Makrameegarn machen. Fixiere alles gut mit Heißkleber.

**4** Aus dem weißen Makrameegarn schneidest du ca. zwanzig 35 cm lange Stränge zurecht. Schneide von der zweiten Klorolle ein 2,5 cm langes Stück ab und fixiere die Einzelstränge mit je einem Schlaufenknoten daran. Anschließend fädelst du alle Enden durch die Innenseite der Rolle nach oben.

**5** Binde nun die Stränge mit etwas hellrosa Garn zusammen und trenne die Garnstränge in ihre Einzelteile auf. Dadurch behält die Wolle ihren Twist und der Bommel bekommt eine tolle Form. Kürze die Enden auf eine Länge von ca. 8 cm und klebe die Mütze mit etwas Heißkleber auf dem kegeligen Teil der Klorolle fest.

**6** Für den Bart schneidest du aus dem weißen Makrameegarn ca. 10 Stränge à 12 cm ab und trennst sie ebenso auf wie bei der Mütze zuvor. Achte dabei darauf, dass noch ein gewisser Schwung im Garn bleibt, damit der Bart nicht ganz flach aussieht. Anschließend bindest du das Bündel in der Mitte mit etwas Garn zusammen, klebst es leicht unterhalb der Haube fest und schneidest den Bart zurecht.

**7** Male die Holzkugel mit dem Marker in Weiß an und befestige sie als Nase zwischen Mütze und Bart. Die gebogenen Arme werden ebenfalls an der Rückseite des Wichtels fixiert.

**8** Befestige nun noch die Adventkalendersticker in der Mitte der Mütze.

# Schneeflockenwichtel

## im weißen Gewand

**MATERIAL**

* Klorolle
* Baby-Plüschsocke in Weiß
* Plüschwolle in Weiß
* Makrameegarn in Naturweiß, ø 3 mm
* Makrameegarn in Weiß, ø 3 mm
* Dekokugel in Perlmutt, ø 2 cm
* Blumendraht umwickelt in Weiß, ø 1 mm
* Streuteile Schneeflocken
* Schere
* Seitenschneider
* Heißklebepistole
* Malerkrepp

**1** Schneide die Klorolle wie in der Grundanleitung erklärt rundherum in einer Länge von ca. 4 cm ein und forme sie mit den Händen zu einem Kegel. Fixiere nun das Ganze mit etwas Malerkrepp.

**2** Klebe nun den Anfang der Plüschwolle an der offenen Seite der Rolle mit etwas Heißkleber fest und umwickle sie anschließend ganz. Damit die Wolle später nicht verrutscht, kannst du zusätzlich etwas Kleber verwenden.

**3** Für die Arme nimmst du den Draht, kürzt ihn auf eine Länge von 26 cm und biegst die beiden Enden zur Mitte hin um, sodass sie je 5 cm lang sind. Achte dabei darauf, dass die beiden neuen Enden eine Schlaufe bilden. Umwickle den Draht mit der weißen Plüschwolle, bis die gewünschte Dicke erreicht ist, und klebe sie an den Enden gut fest.

**4** Biege aus dem Basteldraht ein Dreieck, fülle die Socke damit aus und befestige den Draht mit etwas

Kleber an der Socke sowie am kegeligen Teil der Klorolle. Durch den Draht im Inneren kannst du nun der Mütze ihre endgültige Form geben.

**5** Für den Bart schneidest du vom weißen Makrameegarn ca. 10 Stränge à 18 cm sowie aus dem beigen Makrameegarn ca. 4 Stränge in der gleichen Länge ab. Bürste sie mit der Hundebürste leicht aus und achte dabei darauf, dass noch ein gewisser Schwung im Garn bleibt, damit der Bart nicht ganz flach aussieht. Anschließend bindest du das Bündel in der Mitte mit etwas Garn zusammen, klebst es leicht unterhalb der Mütze fest und schneidest den Bart zurecht.

**6** Zwischen Mütze und Bart wird nun der Perlmuttstecker als Nase befestigt. Die gebogenen Arme werden ebenfalls an der Rückseite des Wichtels fixiert. Die kleinen Schneeflocken werden abschließend als Dekoration auf Händen und Mütze befestigt.

### Mein Tipp für dich

Vielleicht hast du ja noch andere schöne Streuteile, die du verwenden kannst.

Die Liebe zu DIY hat **Christina Schinagl** ihrer Mama zu verdanken, mit der sie schon von klein an immer viel gebastelt hat. Mit der Gründung ihres Blogs www.kreativehaende.at im Jahr 2013 hatte sie dann auch endlich die Möglichkeit ihre kreativen Projekte einer breiten Öffentlichkeit zu zeigen. Sie liebt es verschiedene Techniken auszuprobieren und mit den unterschiedlichsten Materialien zu experimentieren – so ist sie sehr vielseitig unterwegs und stellt sich jeder kreativen Herausforderung mit viel Neugier und Leidenschaft. Ihr umfangreiches Wissen, das sie über die Jahre gesammelt hat, gibt sie auch im Rahmen ihrer Kreativworkshops gerne weiter.

## DANKE!

Ich danke den Firmen butinette Textil-Versandhaus GmbH und Rayher Hobby GmbH sowie meinen beiden Bastelmäusen Nena und Ronja für die Unterstützung bei diesem Buch.

# TOPP – Unsere Servicegarantie

WIR SIND FÜR DICH DA! Bei Fragen zu unserem umfangreichen Programm oder Anregungen freuen wir uns über deinen Anruf oder deine Post. Lobe uns, aber scheue dich auch nicht, deine Kritik mitzuteilen – sie hilft uns, ständig besser zu werden.

Bei Fragen zu einzelnen Materialien oder Techniken wende dich bitte an unseren Kreativservice:
hilfe@frechverlag.de
Telefon 0711 / 123 757 20

Das Produktmanagement erreichst du unter:
pm@frechverlag.de
oder:
frechverlag
Produktmanagement
Dieselstraße 5
70839 Gerlingen
Telefon 07 11 / 8 30 86 68

LERNE UNS BESSER KENNEN! Frage deinen Hobbyfach- oder Buchhändler nach unserem kostenlosen Magazin **Meine kreative Welt**. Darin entdeckst du zweimal im Jahr die neuesten Kreativtrends und interessantesten Buchneuheiten.

Oder besuche uns im Internet! Unter **www.topp-kreativ.de** kannst du dich über unser umfangreiches Buchprogramm informieren, unsere Autoren kennenlernen sowie aktuelle Highlights und neue Kreativtechniken entdecken, kurz – die ganze Welt der Kreativität.

Kreativ immer up to date bist du mit unserem monatlichen **Newsletter** mit den aktuellsten News aus dem frechverlag, Gratis-Bastelanleitungen und attraktiven Gewinnspielen.

# IMPRESSUM

FOTOS: frechverlag GmbH, 70839 Gerlingen; lichtpunkt, Michael Ruder, Stuttgart; Christina Schinagl (alle Arbeitsschrittfotos)
PRODUKTMANAGEMENT und LEKTORAT: Eva Schrecklinger
HERSTELLUNG: Adelina Tešija
COVERGESTALTUNG: Melanie Herrmann
SATZ: Fotosatz H. Buck
DRUCK: Drukarnia Interak Sp. z o.o.

MIX
Papier aus verantwortungsvollen Quellen
FSC® C015559

Penguin Random House Verlagsgruppe
FSC® N001967

1. Auflage 2023

© 2023 **frechverlag** GmbH, Dieselstr. 5, 70839 Gerlingen, einem Unternehmen der Penguin Random House Verlagsgruppe GmbH, München
ISBN 978-3-7358-5191-8 • Best.-Nr. 25191